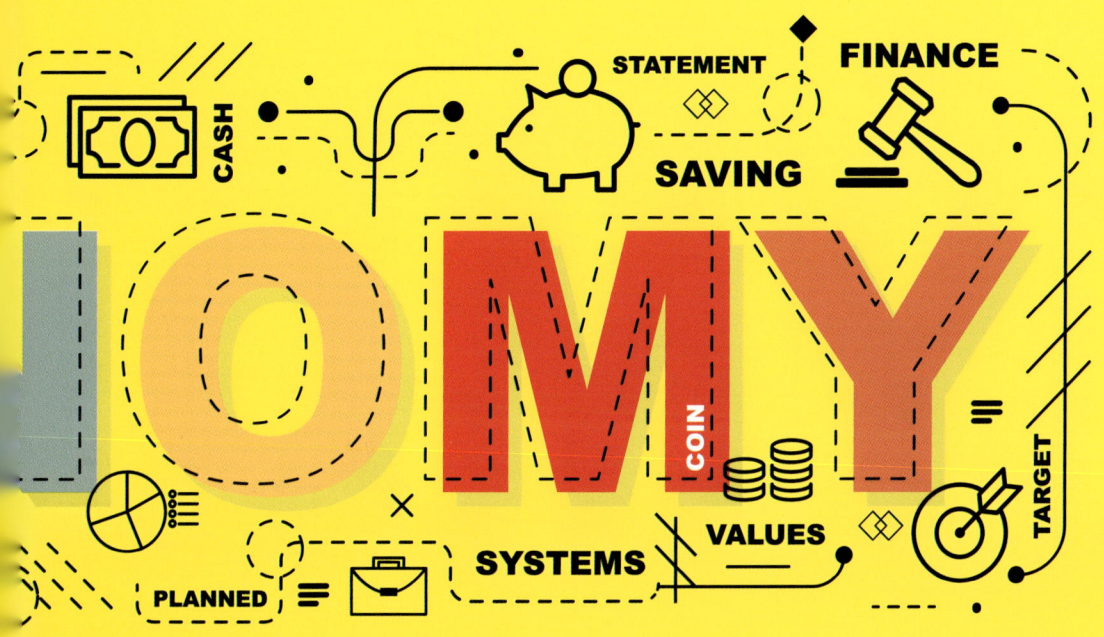

똑똑도서관 1

읽으면 술술 알게되는
어린이 경제 안내서

세상 가득 꼼꼼 경제

글 안명철 + 그림 이도연

주니어골든벨

들어가는 글

'경제'라는 말이 어렵게 느껴지나요? 그렇지 않아요. 우리는 매일매일 경제 활동을 하고 있어요. 부모님께 받은 용돈으로 필요한 물건을 사고, 버스를 타고 옆동네로 놀러가며, 남은 돈은 저금통에 저축하기도 하죠. 이 모든 것들이 경제 활동이랍니다.

우리가 사고파는 물건들이나 이용할 수 있는 서비스들은 어디에서 왔으며, 누가 만드는 것이고, 가격과 요금은 어떻게 정해지는 것일까요? 또한 돈은 조금밖에 없는데 이것도 하고 싶고, 저것도 하고 싶다면 어떤 선택을 해야 합리적인 것일까요? 그리고 내가 지출한 돈은 어디로 흘러가는 것일까요?

여러가지 궁금증에 대한 답을 경제를 공부하며 찾을 수 있답니다. 우리가 무심코 지나쳤던 많은 일들을 번쩍 눈을 뜨고 새롭게 바라볼 수 있게 될거예요. 우리 모두 똑똑한 경제 전문가가 되어 보자구요!

차례

들어가는 글 02
평범한 일상을 우리에게 보여줄 바람·하늘이네 가족 06

첫 번째 수업
경제란 무엇일까요?

01. 우리가 매일 하고 있었던 것들 _ **경제 활동** 10
02. 만질 수 있는 것과 만질 수 없는 것 _ **재화와 서비스** 13
03. 동에 번쩍 서에 번쩍 돌고 돌아요 _ **돈의 흐름** 16
04. 사고 파는 거래가 이루어지는 곳 _ **시장** 20
05. 나와 너와 우리 모두의 경제 _ **경제 주체** 23
➕ FunFun 읽을거리 _ **캐시리스 사회** 26

두 번째 수업
가격은 어떻게 정해질까요?

01. 사고 싶은 사람과 팔고 싶은 사람 _ **수요와 공급** 30
02. 사고 싶은 사람에게 가져다 주세요 _ **물류(유통)** 33
03. 좋을 때도 있고 나쁠 때도 있지요 _ **경기** 36
04. 하나의 가격이 아닌 종합적인 가격 _ **물가** 39
05. 물건의 가격이 지나치게 올라가요 _ **인플레이션** 42
06. 나라와 나라가 물건을 사고 팔아요 _ **무역** 46
07. 나라와 나라가 서로의 돈을 교환해요 _ **외환과 환율** 49
➕ FunFun 읽을거리 _ **빅맥 지수** 52

세 번째 수업

어떤 선택이 좋은 걸까요?

01.	이익을 얻으려면 포기도 해야 해요 _ **기회 비용**	56
02.	돈도 벌고 꿈도 이뤄요 _ **직업**	59
03.	발전하는 세상을 만드는 힘 _ **자유와 경쟁**	62
04.	미래를 위해 지켜야 하는 것들 _ **환경보호**	66
➕	FunFun 읽을거리 _ **지속가능 발전**	70

네 번째 수업

금융이란 무엇일까요?

01.	돈이 잘 흘러가도록 도와주는 곳 _ **금융기관**	74
02.	모으고 빌려주고 보내고 바쁘다 바빠 _ **은행**	77
03.	빌린 만큼 대가를 지급해요 _ **이자와 금리**	80
04.	믿을 수 있는 사람과 거래해요 _ **신용**	83
05.	어려운 일을 미리 대비해요 _ **보험**	86
06.	너도 나도 이 회사의 주인 _ **주식**	89
➕	FunFun 읽을거리 _ **국가신용등급**	92

다섯 번째 수업

세금은 어떻게 쓰일까요?

01.	나라 살림을 위해서 돈이 필요해요 _ **납세의 의무**	96
02.	어른도 내고 어린이도 내지요 _ **세금의 종류**	99
03.	나라 살림을 위해서 계획이 필요해요 _ **예산**	102
04.	우리를 안전하게 받쳐주는 그물 _ **사회보험**	105
➕	FunFun 읽을거리 _ **공공시설**	108

| 수업을 마치며 : 바람이의 편지 | 110 |
| 찾아보기 | 112 |

평범한 일상을 우리에게 보여줄 바람·하늘이네 가족

경제는 멀리 있지 않아요.
바람·하늘이네 가족의 평범한 일상을 함께 따라가보며,
세상 가득 경제수업을 시작해 봅시다.

바람이
호기심이 많은
초등학교
3학년 남자 아이

하늘이
궁금한 것이
많은 초등학교
4학년 여자 아이

우리들의 일상 곳곳에 자연스럽게 녹아 있지만 우리가 미처 알지 못했던 경제 상식들에 대해 알아볼 거예요.

본격적으로 시작하기 전, 바람이네 가족에게 인사 한 번 합시다. 안녕하세요~

엄마·아빠
바람이와 하늘이를 끔찍이 사랑하시며 유용한 경제 상식을 가르쳐주시는 부모님

첫 번째 수업

경제란 무엇일까요?

우리가 매일 하고 있었던 것들

key word ● 경제 활동 (생산, 소비, 분배)

"너희들, 일기는 다 썼니?"

엄마가 아이들에게 물었습니다.

"요즘은 특별히 쓸 만 한게 없어요."

"그래서 그냥 매일 매일 하는 일들을 적었어요."

엄마는 허락을 맡고 아이들의 일기장을 읽어 보았습니다.

"오늘은 아이스크림을 사먹었다. 맛있었다. 게임을 한 시간 했다.

병원에 가서 감기약을 받았다. 아빠가 용돈을 주셨다.

엄마가 사주신 새 잠옷을 입고 잠이 들었다."

"너무 재미 없죠?"

엄마는 웃으며 말했습니다.

"아냐, 이렇게 우리가 일상적으로 하고 있는 평범한 일들은 다 사회적으로 의미가 있는 행동이란다."

"네? 어떤 의미요?"

알아봅시다

경제라는 말을 들으면 어려운 생각이 듭니다. 하지만 그럴 필요 없어요. 우리는 매일매일 **경제 활동**을 하고 있거든요. 우리가 일상적으로 움직이는 모든 것들이 경제와 연관되어 있으며 경제 활동이에요.

부모님께 용돈을 받으면 무엇을 살까 고민하지요. 마트에 가서 맛있는 아이스크림을 사먹었습니다. 그런데 이 아이스크림은 누가 만들어서 가져다 놓았을까요? 그리고 아이스크림을 만든 사람은 우리에게 받은 돈을 어떻게 사용할까요?

농작물을 재배하거나 공장에서 상품을 만드는 등 우리에게 필요한 것들을 만들어 내는 활동을 **생산**이라고 합니다. 그렇게 만들어진 것들을 쓰거나 이용하는 활동을 **소비**라고 하고요. 그 과정에서 얻어진 것들을 나누는 활동을 **분배**라고 합니다. 이 세 가지 일들을 모두 합쳐 경제라고 하며, 이 활동들을 모두 모아 경제 활동이라고 부른답니다.

만질 수 있는 것과 만질 수 없는 것

key word ● 재화와 서비스

"하늘아, 준비 다 되었니?"

엄마와 하늘이는 외출 준비를 하고 있어요.

"오늘은 너에게 필요한 두 가지 일을 할 거란다."

"와~ 뭔데요?"

"옷가게에 가서 겨울옷을 사고, 치과에 들러서 충치 치료를 받도록 하자."

"옷가게는 좋지만 치과는 싫은데…"

옆에서 바람이가 껴들었습니다.

"신경 치료 안 받으려면 미리미리 가는게 좋을걸?"

엄마가 말했습니다.

"날씨가 추워지고 있으니 따뜻한 옷으로 고르렴."

"알겠어요.

저에게는 겨울옷도, 치과 진료도 모두모두 필요해요!"

알아봅시다

앞장에서 **생산**에 대해 배웠지요? 사람들은 두 가지 종류의 것을 생산합니다. 하나는 형태가 있어서 눈으로 보고 만질 수 있어요. 그러나 다른 하나는 만질 수 없고 우리에게 도움을 주는 행동을 말하지요.

첫 번째 것을 우리는 **재화**라고 합니다. 하늘이가 겨울을 나기 위해 필요한 겨울옷을 말해요. 또 뭐가 있을까요? 공부를 위해 필요한 컴퓨터와 책, 맛있는 음식과 그것을 담을 그릇도 있겠네요. 많은 사람들을 이동시켜 주는 버스가 있고, 불을 끄는데 도움을 주는 소방차도 있습니다.

두 번째 것을 우리는 **서비스**라고 합니다. 하늘이에겐 충치를 막기 위해 의사 선생님의 진찰이 필요해요. 또 뭐가 있을까요? 가게에서 책과 컴퓨터를 파는 일, 식당에서 맛있는 음식을 만드는 일, 버스기사 아저씨가 운전을 하는 일, 소방관 아저씨가 불을 끄는 일도 모두 서비스입니다.

재화와 서비스

생산 활동 중 무엇이 재화이고 무엇이 서비스인지 선을 그어 연결해 보세요.

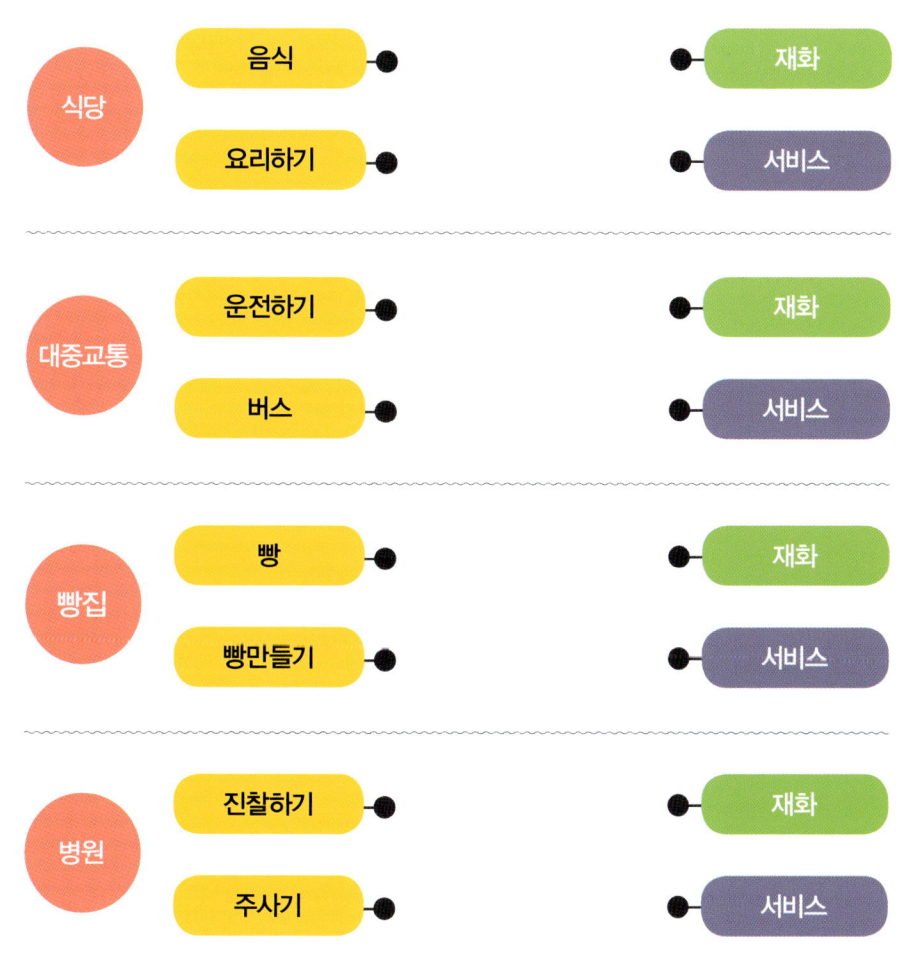

동에 번쩍 서에 번쩍 돌고 돌아요

key word • 돈의 흐름

"우와, 이 옷 너무 예쁘다."

옷가게에 간 하늘이는 신이 났습니다.

이옷 저옷을 몸에 대보았어요.

"내 눈에도 그게 제일 괜찮구나."

엄마는 옷값을 신용카드로 결제하셨습니다.

"으앙, 이제 치과에 가야하는건가."

치과에 가기 싫었던 하늘이는 한 가지 꾀를 내보았어요.

"엄마, 오늘 너무 돈을 많이 쓰시는거 아니에요?"

"사랑하는 우리 딸을 위해서라면 괜찮단다."

"끄응.. 안 통하네요."

침울해 하는 하늘이를 보며 엄마가 덧붙이십니다.

"절약도 좋지만 필요할 때는 소비를 해야 해.

그렇게 돈이 흘러가면서 경제가 돌아가는 거거든."

알아봅시다

재화를 구입하고 서비스를 이용하기 위해서 **돈**이 필요합니다. 돈은 일정한 가치를 가지고 있으므로 누구나 의심 없이 받아줍니다.

돈은 경제 활동에 따라 돌고 돕니다 이것을 **돈의 흐름**이라고 해요. 오늘 엄마의 지갑 속에 있었던 돈이 내일은 옷가게 주인의 **소득**이 되었어요. 옷가게 주인은 가지고 있던 돈은 은행에 **저축**을 하였고요. 은행은 가지고 있던 돈을 누군가에게 빌려주었지요. 이런식으로 돈은 한 곳에 머물지 않고 계속해서 움직입니다.

돈은 옛날에도 지금과 같은 모습이었을까요? 아주 오래 전에는 돈의 형태가 지금 같지 않았어요. 처음엔 가지고 싶은 물건을 내 물건과 바꾸는 **물물교환**을 하다가, 조개껍질이나 동물의 이빨 등을 돈으로 사용했대요. 지폐와 동전이 나온 후에도 돈의 형태는 계속 변하였고, 지금은 신용카드와 각종 페이들이 등장했습니다.

이해하기

돈의 흐름

돈은 매번 형태와 목적을 다르게 해서
쉴 새 없이 돌고 돕니다.

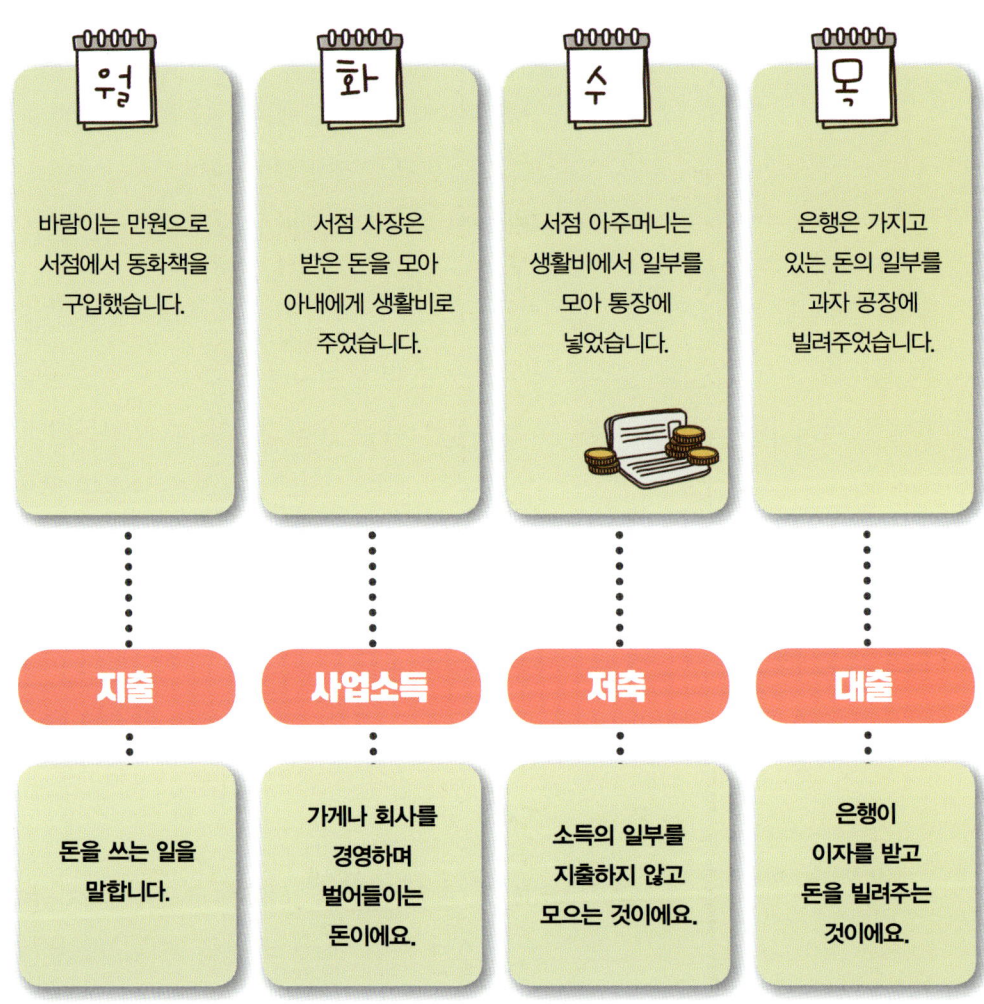

월	화	수	목
바람이는 만원으로 서점에서 동화책을 구입했습니다.	서점 사장은 받은 돈을 모아 아내에게 생활비로 주었습니다.	서점 아주머니는 생활비에서 일부를 모아 통장에 넣었습니다.	은행은 가지고 있는 돈의 일부를 과자 공장에 빌려주었습니다.
지출	**사업소득**	**저축**	**대출**
돈을 쓰는 일을 말합니다.	가게나 회사를 경영하며 벌어들이는 돈이에요.	소득의 일부를 지출하지 않고 모으는 것이에요.	은행이 이자를 받고 돈을 빌려주는 것이에요.

월요일에 바람이는 용돈으로 만원을 받았습니다.
일주일이 지난 후 그 돈은 어디에 가 있을까요?
동에 번쩍, 서에 번쩍 돌고 도는 돈의 흐름을 따라가 봅시다.

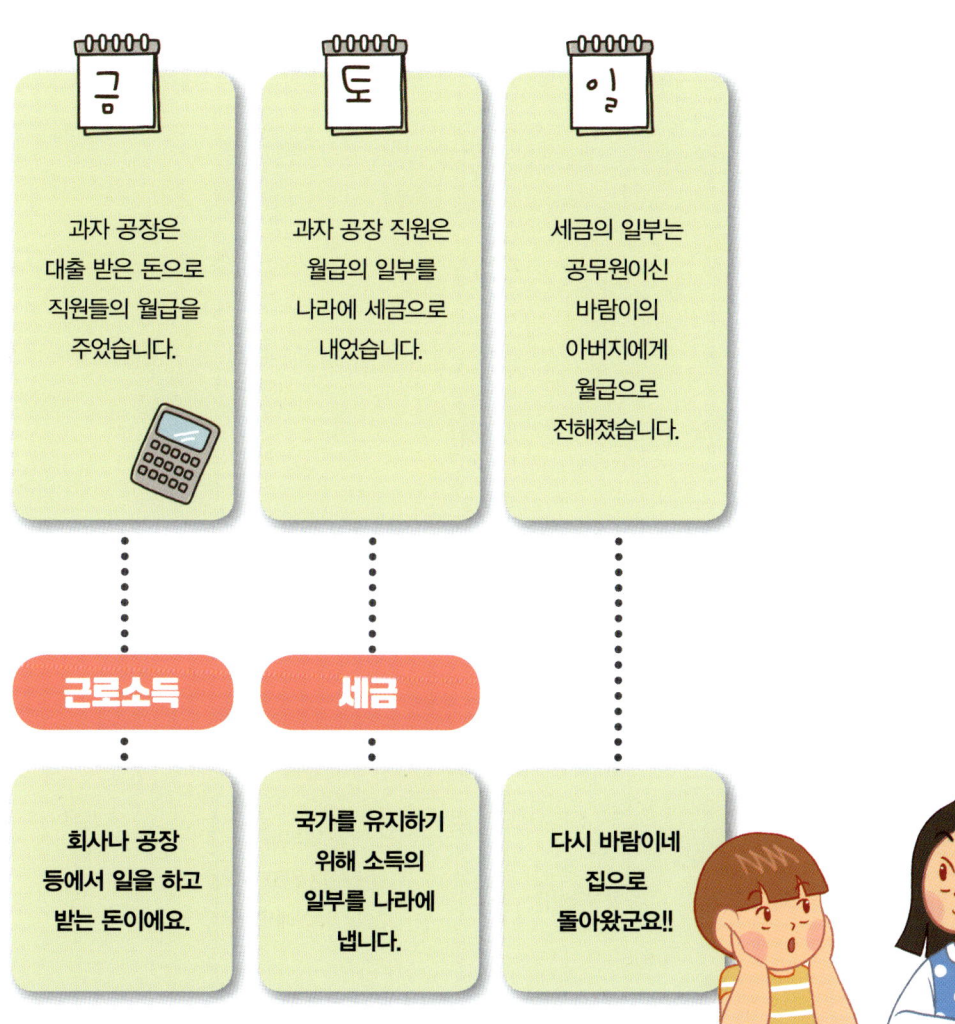

금
과자 공장은 대출 받은 돈으로 직원들의 월급을 주었습니다.

토
과자 공장 직원은 월급의 일부를 나라에 세금으로 내었습니다.

일
세금의 일부는 공무원이신 바람이의 아버지에게 월급으로 전해졌습니다.

근로소득
회사나 공장 등에서 일을 하고 받는 돈이에요.

세금
국가를 유지하기 위해 소득의 일부를 나라에 냅니다.

다시 바람이네 집으로 돌아왔군요!!

사고 파는 거래가 이루어지는 곳

key word ● 시장

하늘이가 치과 진료를 끝내고 나왔습니다.
"으앙, 너무 무서웠어요. 여기 처방전이래요."
약국에 들른 엄마와 하늘이는 기다리는 동안 텔레비전 뉴스에 귀를 기울였습니다.
"요즘 금융 시장이 활기를 띄고 있습니다."
하늘이가 의아한듯 물었습니다.
"금융 시장은 어느 동네에 있는 시장이죠? 한 번 가보고 싶다~"
엄마가 웃으며 말했습니다.

"시장은 두 가지 종류가 있어. 우리 동네에 있는 시장처럼 눈에 보이는 시장이 있고, 금융 시장, 부동산 시장처럼 눈에 보이지 않는 시장이 있단다."
"네? 그게 무슨 뜻이죠?"

알아봅시다

앞장에서 배웠듯 사람들은 처음에 물물교환을 했어요. 그러다가 돈의 개념이 생기면서 필요한 물건들을 사고 팔기 시작했지요. **시장**이란 재화와 서비스를 사는 사람과 파는 사람이 만나서 거래가 이루어지는 장소를 말합니다. 정해진 날짜와 정해진 장소에 모이므로 힘들게 서로를 찾아다니지 않아도 되요. 좌판이나 가게에 물건들을 늘어놓고 사람들이 북적거리는 시장을 우리는 **전통 시장**이라고 합니다.

눈에 보이지 않는 시장도 있어요. 주택 같은 부동산의 거래가 이루어지는 곳을 **부동산 시장**이라고 해요. 은행이나 보험 회사들이 거래하는 곳을 **금융 시장**이라고 하지요. 일할 사람과 고용하는 사람이 만나는 **노동 시장**도 있습니다. 또한 우리가 인터넷으로 물건을 사는 곳은 **온라인 시장**입니다.

파는 장소가 눈에 보이지 않아도, 파는 물건이 눈에 보이지 않아도 거래가 이루어진다면 모두 시장입니다.

서울의 전통 시장 남대문 시장

이해하기

시장

우리가 걸어갈 수 있는 시장은 동그라미,
걸어갈 수 없는 시장은 엑스를 표시해주세요.

나와 너와 우리 모두의 경제

key word ● **경제 주체 (가계, 기업, 정부)**

"집에 별일 없었니?"
외출에서 돌아온 엄마가 바람이에게 물었습니다.
"큰이모가 잠깐 들리셨어요."
"뭐라시던?"
"사촌형이 이번에 원하던 회사에 취업했다고
좋아하시면서 저녁을 사주신다고 하시네요."
"어머, 정말 잘 되었구나!"
엄마는 큰이모에게 전화를 걸었습니다.
"축하해. 그런데 너무 무리는 하지 마.
나가는 돈도 많을텐데. 그래, 알았어요."
전화를 끊자 옆에 있던 하늘이가 말합니다.
"엄마, 우편함에 이런게 와 있네요."
"아, 세금 고지서구나."

알아봅시다

앞의 이야기를 통해 눈치 채셨나요? 이번에는 경제 활동을 하는 세 가지의 **경제 주체**에 대해 알아보겠습니다.

가계란 가족을 말합니다. 주로 소비 중심의 경제 활동을 합니다. 일을 하여 소득을 얻고, 그 돈으로 필요한 물건을 사거나 돈을 아껴서 저축을 합니다.

기업은 생산 중심의 경제 활동을 합니다. 물건을 만들어서 팔고, 그 돈으로 직원들에게 월급을 주지요. 공장에서 재화를 생산하고, 쇼핑 센터에서는 서비스를 생산합니다. 기업 활동은 나라 경제에 큰 도움이 되지요.

정부는 가계와 기업이 할 수 없는 일들을 합니다. 도로와 다리를 건설하고, 경찰과 소방관을 운영합니다. 이것들을 **공공 서비스**라고 하는 대요. 가계와 기업이 낸 세금이 있기에 할 수 있답니다. 정부에서 운영하는 **공기업**도 있어요.

이해하기

경제 주체

가계, 기업, 정부가 서로 무엇을 주고 받는지 그림을 통해 알아봅시다.

FUN FUN 읽을거리

캐시리스 사회

앞서 돈의 형태가 지금도 변하고 있다고 말씀드렸지요? 캐시리스 사회란 "현금을 가지고 다닐 필요가 없는 사회"를 말합니다. 재화와 서비스를 구매할 때 다양한 디지털 결제를 이용할 수 있어요.

신용카드, 체크카드, 교통카드처럼 카드 형태로 되어 있는 것도 있고요. 삼성페이, 구글페이처럼 스마트폰으로 결제할 수 있는 것도 있지요.

캐시리스 사회가 되면 뭐가 좋을까요? 지폐와 동전을 가지고 다니는 불편함이 사라지고요. 정부는 돈을 찍어내는데 드는 비용을 아낄 수 있답니다. 현금이 없으므로 도둑도 줄어들 거예요.

다만 어르신들이 이용하기 힘들다거나, 지진이나 태풍같은 자연재해가 일어났을 때 사용이 힘들 수 있다는 단점도 있지요. 앞으로 고쳐나가야 하겠습니다.

두 번째 수업

가격은 어떻게 정해질까요?

사고 싶은 사람과 팔고 싶은 사람

key word ● 수요와 공급

다음 날, 하늘이는 엄마와 함께 시장에 나왔어요.

"엄마, 바나나 먹고 싶어요~."

과일 가게에 들러 바나나를 한 송이 사고,

이번엔 단골 식품 가게로 들어갔습니다.

엄마가 가격표를 확인하시더니 밝게 웃으시네요.

"어머, 계란 가격이 지난주보다 내려갔구나."

계란을 한 판 구입한 엄마는 이번에는 정육점으로 들어갔습니다.

"아이고, 돼지고기 가격이 지난주보다 올랐구나.

불고기는 다음주에 먹도록 하자."

참 신기합니다.

물건의 가격은 매번 누가

정하는 걸까요?

보이지 않는 누군가가 움직이는 걸까요?

알아봅시다

물건의 가격이 정해지는 이유는 여러 가지가 있습니다. 그중에서 가장 큰 이유는 수요와 공급의 균형이에요. **수요**란? 그 물건을 사고 싶다고 생각하는 것을 말합니다. **공급**이란? 그 물건을 팔고 싶다고 생각하는 것을 말합니다.

물건을 사고 싶은 사람보다 팔고 싶은 사람이 많다면 물건은 남아돌게 될거예요. 그렇다면 가격이 내려가겠죠? 반대로 사고 싶은 사람보다 팔고 싶은 사람이 적다면 물건이 부족해집니다. 그렇다면 가격이 올라갈 거예요.

그런데 물건이 아무리 부족해도 가격이 너무 오르면, 사고 싶지만 너무 비싸서 못 사는 사람이 생깁니다. 너무 비싸서 안 사는 사람이 늘어나면 이번에는 가격이 다시 내려가겠네요? 이렇게 사고 싶은 사람과 팔고 싶은 사람이 모두 납득할 수 있는 가격으로 자리를 잡으며 **균형**을 이루게 됩니다.

이해하기

수요와 공급

그 물건을 사고 싶은 사람과
팔고 싶은 사람 사이의 균형이 중요하지요.

사고 싶은 사람 < 팔고 싶은 사람 = 가격이 내려가요

사고 싶은 사람 > 팔고 싶은 사람 = 가격이 올라가요

사고 싶은 사람에게 가져다 주세요

key word ● 물류 (유통)

바람이는 아빠와 함께 등산을 갔어요.
숨이 차고 힘들었지만 산 중턱 매점에서
사먹은 시원한 콜라 덕에 정상까지 오를 힘을 낼 수 있었습니다.
동네에 도착하여 집으로 들어가기 전 이번에는 동네 슈퍼에 들어가
과자를 사먹었습니다. 문득 궁금해진 바람이는 아빠에게 물었습니다.
"산 중턱에서도 콜라를 팔 줄은 몰랐어요."
아빠가 대답했습니다.
"등산 중에 시원한 음료에 대한 수요가 있다는걸 알고
그곳으로 물건을 운반했기 때문이지."
"그런데 슈퍼보다 조금 비싸더라고요."
"맞아, 산이다보니 운반비용이 더 들었기 때문이란다."

알아봅시다

물적유통이라는 말을 줄여서 **물류**라고 합니다. 쉽게 말해서 '물건의 흐름' 이라고 생각하면 됩니다. 공장이나 농지 등에서 생산한 물건들을 소비자에게 최종적으로 공급하는 모든 과정을 말해요.

공장에서 만들어진 물건은 이동하기 쉽도록 잘 **포장**해야 합니다. 트럭이나 기차, 배 등을 이용하여 물건을 이동시키는 것을 **수송**이라 하고요. 특정 온도나 조건에 맞게 보관하는 것도 중요합니다. 이렇게 **보관**하였다가 필요한 위치로 **운반**이 되겠죠. 이 모든 과정들을 물류라고 부릅니다.

물류를 수행하기 위해선 돈이 필요합니다. 이 비용을 **물류비**라고 해요. 여러분이 구입하는 물건에는 물류비가 포함되어 있습니다. 물류비가 많이 들 수록 물건의 가격도 올라간답니다. 바람이가 산에서 마신 콜라와 멋지게 꾸민 백화점에서 사는 물건들이 비싼 이유예요.

미국 최대의 인터넷 쇼핑 사이트 아마존의 물류 센터

좋을 때도 있고
나쁠 때도 있지요

key word ● 경기

등산을 다녀온 아빠에게 엄마가 물었습니다.
"산에 사람들이 많이 있던가요?"
아빠가 대답했습니다.
"요즘 경기가 안 좋으니 일을 쉬는 사람이 많아서 그런지 등산객들이 많더라고."
"맞아요. 요즘 애들 삼촌도 장사가 안 된다고 난리네요."
엄마가 걱정스러운듯 말했습니다.
"처남은 작년에 많이 벌어놓았잖아?"
"그래서 다행이에요. 작년에는 장사가 잘 되었다고 하니."
하늘이와 바람이는 엄마아빠의 대화가 궁금해졌습니다.
물건이 잘 팔려 사업이 잘 될 때도 있고,
물건이 잘 안 팔려 사업이 잘 안 될 때도 있는가봐요.

알아봅시다

경기가 좋다는건 경제 활동이 활발하게 일어나는 것을 말합니다. 경기가 안 좋은 걸 **불경기**라고 하며 경제 활동이 움츠려 든 것을 말해요. **호황**과 **불황**이라는 말을 쓰기도 해요.

경제 활동은 생산과 소비, 투자 등을 종합하여 말하는 것입니다. 경제 활동이 활발하여 경기가 좋아지면 소득이 올라가고 일자리도 늘어나므로 우리의 생활이 좋아집니다. 불경기가 찾아오면 소득이 떨어지고 실업자가 늘어나므로 우리의 생활도 힘들어집니다.

경기는 좋아졌다 나빠졌다를 일정하게 반복하며 이를 **경기 호환**이라고 해요. 천천히 좋아졌다가, 서서히 안 좋아졌다가, 다시 좋아졌다가, 다시 나빠질 수 있죠. 그러니까 경기가 좋을 때는 미래를 대비하여 저축을 많이 해놓으세요. 경기가 안 좋아도 낙담하지 말고 열심히 노력합시다.

이해하기

경기와 불경기

경기가 좋아서 소득이 높을 때와 경기가 안 좋아서 소득이 낮을 때 실생활에서 어떤 차이가 있을까요?

요즘은 돈이 많으니까 점심으로 한정식을 사먹자~

호황

요즘엔 아껴야 하니까 점심으로 삼각김밥을 먹어야겠어.

불황

하나의 가격이 아닌 종합적인 가격

key word ● 물가

딩동~ 초인종 소리가 들려서 문을 열어보니 외삼촌이 와있었습니다.
엄마가 반가운듯 말했어요.
"어머, 호랑이도 제 말 하면 온다더니 마침 네 얘기 중이었는데."
외삼촌은 엄마와 즐겁게 담소를 나누고 돌아가시면서
하늘이와 바람이를 불렀어요.
"우리 조카들 용돈을 줘야겠구나."
아이들은 신이 났습니다.
외삼촌은 처음에 지갑에서
오천원 짜리를 꺼내려다가 다시 집어넣고
만원 짜리 두 장을 꺼내 아이들 손에
한 장씩 쥐어주셨어요.
"과자 사 먹으렴.
요즘 물가가 많이 올라서
만 원으로 주는 거란다~"
"감사합니다."

알아봅시다

물건의 값을 말할 때는 **가격**이라고 해요. 아이스크림 한 개의 가격, 공책 한 권의 가격이지요. 서비스의 값을 말할 때는 **요금**이라고 합니다. 택시를 타고 택시요금, 전기를 쓰고 전기요금을 내지요. 그렇다면 물가는 뭘까요?

물가란 이러한 상품이나 서비스의 가치를 종합적으로 부르는 말이에요. 한 개가 아니라 전반적으로 통틀어서 부르는 말입니다. 그러므로 물가가 올랐다는 말은 모든 상품이나 서비스의 가치가 평균적으로 올라갔다는 말입니다. 경제가 성장하면서 물가는 기본적으로 조금씩 올라갑니다. 너무 급하게 오르면 안 되므로 정부에서 관리를 합니다.

소득 수준이 높은 도시일 수록 물가도 당연히 높습니다. 우리나라 서울의 물가는 세계적으로 높은 편에 속해요. 점심식사를 하고, 영화 한 편을 보는건 어디서나 할 수 있지만 필요한 돈은 각 도시마다 다르답니다.

물가

물가가 상대적으로 높은 도시와
물가가 상대적으로 낮은 도시를 알아볼까요.

물가가 높기로 유명한 도시

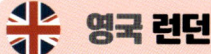 영국 런던

 미국 뉴욕

 스위스 제네바

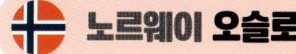 노르웨이 오슬로

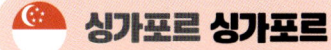 싱가포르 싱가포르

물가가 낮기로 유명한 도시

 인도 델리

 방글라데시 다카

 스리랑카 콜롬보

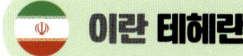 이란 테헤란

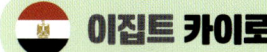 이집트 카이로

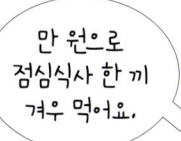
만 원으로 점심식사 한 끼 겨우 먹어요.

만 원으로 점심도 먹고 간식도 먹어요!

물건의 가격이 지나치게 올라가요

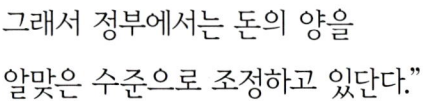

바람이가 엄마에게 물었습니다.

"엄마, 경기가 좋으면 좋은 거잖아요."

"그렇지."

"그렇다면 100년 내내 호황이어서 세상에 돈이 아주 많았으면 좋겠어요."

엄마는 웃으면서 말했습니다.

"뭐든지 적당한게 좋은 거란다.

통화량이 증가하면 돈의 가치가 떨어져서,

모든 상품의 물가 수준이 꾸준히

올라가게 되거든."

"헉, 물가가 너무 오르면 안 좋은건데."

"걱정하지마렴.

그래서 정부에서는 돈의 양을

알맞은 수준으로 조정하고 있단다."

알아봅시다

통화란 각 나라에서 쓰이는 지폐, 동전 등의 돈을 말해요. 통화량(돈의 양)이 늘어나서 돈의 가치가 떨어지고, 그로 인해 모든 상품의 물가가 꾸준하게 장기간 올라가는 현상을 **인플레이션**이라고 합니다.

경기가 좋아지면 소득이 올라서 물건을 사는 사람이 많아지죠. 모두가 물건을 사면 수요와 공급의 균형에 의해 물건의 가격이 오르게 됩니다. 적당한 인플레이션은 나쁘지 않아요. 하지만 인플레이션이 지나치면 문제가 일어납니다. 물가가 꾸준히 올라가면 돈의 가치가 그만큼 떨어지기 때문이에요. 악순환이 계속해서 이어집니다.

인플레이션을 막기 위해서는 돈의 양을 알맞은 수준으로 유지해야 합니다. 각 나라의 정부가 운영하는 **중앙 은행**들은 돈을 거둬들이거나 이자를 올리는 등 여러가지 방법을 통해 시중에 풀린 통화량을 알맞게 조절하고 있어요.

한국의 중앙 은행인 한국은행

이해하기

하이퍼-인플레이션

정부가 통제에 실패하여 물가가 수백배 뛰고 경제에 혼란이 일어나는 것을 하이퍼 인플레이션이라고 합니다.

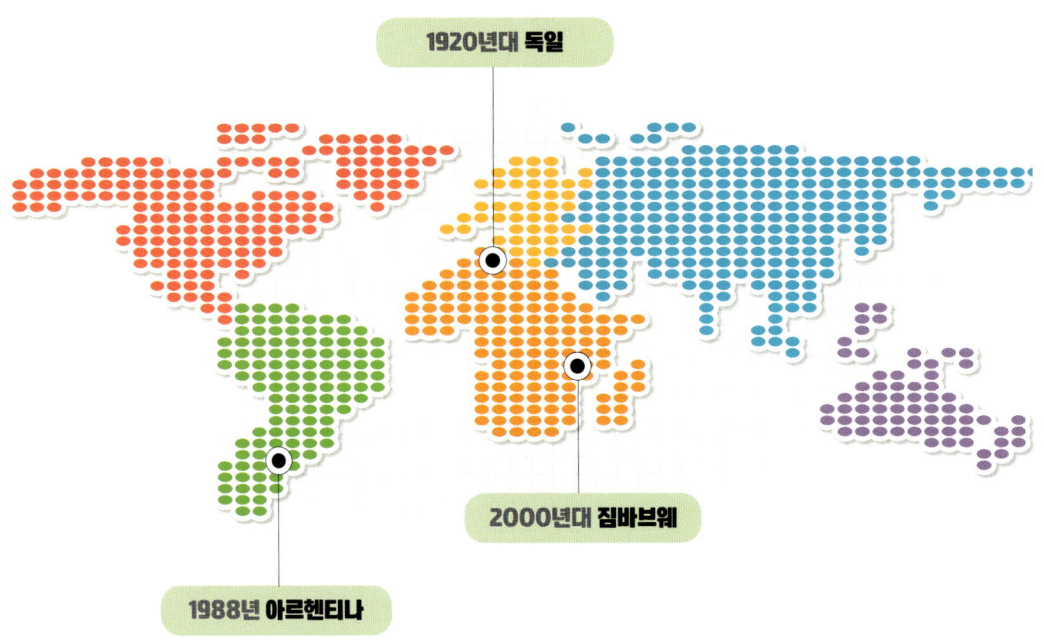

하이퍼 인플레이션이 일어났던 나라들

1920년대 독일
2000년대 짐바브웨
1988년 아르헨티나

1920년대 독일

휴지조각이 된 돈으로 놀고 있는 아이들

1차 세계대전에서 패배한 독일은 막대한 전쟁배상금을 갚아야 했습니다. 그로 인해 막대한 돈을 찍어내었고, 하이퍼 인플레이션이 일어났습니다. 1921년 4마르크이던 빵이 1923년에는 17억 마르크가 되었어요.

1988년 아르헨티나

경제 정책 시위자들

경제 재건, 복지, 인금 인상 등을 위해 정부가 화폐를 과도하게 발행하여 하이퍼 인플레이션이 일어났습니다. 1993년에야 겨우 진정되었지만 안타깝게도 현재에도 가끔씩 일어나고 있습니다.

2000년대 짐바브웨

1980년 독립한 나라에요. 독재 정권이 세금을 늘리고자 돈을 과도하게 찍어내어 발생했습니다. 물가가 너무 빨리 올라가서 은행에서 그날 뽑은 돈이 하루아침에 휴지조각으로 변해버렸다고 해요.

짐바브웨 달러: 셀 수도 없이 늘어나는 0의 개수

06

나라와 나라가
물건을 사고 팔아요

key word ● 무역

"우리 바나나 먹어요."
저녁식사 후 하늘이는 시장에서 사온 바나나를 꺼내들었습니다.
"맛있다~ 그런데 이 바나나는 어디에서 자란걸까요?"
아빠가 대답했습니다.
"바나나는 열대과일이라서 우리나라에서는 키울 수 없어. 여기 스티커를 보니 필리핀에서 가져온 것이구나."
"우와, 신기해요. 바다 건너 왔다니."
얘기를 듣던 바람이는 궁금한 것이 생겼습니다.
"그렇다면 필리핀 사람들도 자신들이 구하기 힘든 물건들을 우리나라에서 가져오겠네요?"
"맞아, 사람과 사람이 아닌 나라와 나라 사이에서도 물건을 사고 판단다."

알아봅시다

나라와 나라 사이에서 필요한 재화와 서비스를 사고 파는 것을 **무역**이라고 해요. 우리가 만든 물건을 다른 나라에 파는 것을 **수출**이라고 합니다. 물건을 팔고 돈을 받지요. 다른 나라에서 만든 물건을 우리나라로 사오는 것을 **수입**이라고 합니다. 다른 나라에 돈을 지불해야 하지요. 이 두 가지를 합쳐 무역이라고 합니다.

무역은 왜 필요할까요? 나라마다 자연환경과 기술 수준이 다르기 때문입니다. 우리가 만들기 쉬운 물건을 외국에 팔고, 만들기 어려운 물건은 외국에서 사오는 것이죠. 이렇게 하면 시장의 크기가 커지므로 기업에게도 유리합니다.

수출은 무조건 좋은 것이고, 수입은 무조건 나쁜 것일까요? 그렇지 않습니다. 꼭 필요하지만 우리나라에서 나지 않는 것들은 수입해 와야해요. 또한 생산은 가능하되 비용이 많이 든다면 수입하는 것이 훨씬 경제적이죠.

우리나라 최대의 수출입 항구인 부산항

이해하기

무역

대한민국은 어떤 물건을 주로 수입하고
어떤 물건을 주로 수출하고 있을까요?

수입
- 천연자원 (석유, 가스 등)
- 식품류 (열대과일, 밀가루 등)

수출
- 자동차
- 선박
- 석유화학 (수입한 석유를 가공)
- 전자제품

나라와 나라가 서로의 돈을 교환해요

key word ● 외환과 환율

"이번달에 자동차 석유값이 너무 많이 나왔네요."
엄마가 심각한 얼굴로 아빠에게 얘기합니다.
"그래? 이번달 석유값이 많이 올랐더라고. 당분간 아껴 써야 겠는걸."
"석유는 모두 수입해 오는 거죠?"
하늘이가 물었습니다.
"그렇지. 우리나라에서는 나오지 않으니까."
"그런데 외국은 우리와 돈이 다르잖아요. 어떤 돈으로 사 오는 건가요?"
바람이는 깜짝 놀랐습니다.
"생각해보니까 그러네, 맞아요. 궁금해요."
"나라들끼리 돈을 교환 한단다.
또 어떻게 교환하는지도 알려줄게."

알아봅시다

나라마다 돈이 달라요. 우리나라는 '원화'를 쓰고, 일본은 '엔화', 미국은 '달러화', 유럽은 '유로화', 중국은 '위안화'를 쓰지요. 우리나라 돈을 제외한 돈들을 모두 모아 **외환**이라고 하는데, 외국의 돈이란 뜻이에요.

우리나라가 사우디아라비아에서 석유를 수입하려고 할 때 어떤 돈으로 지불해야 할까요? 한국 돈이 아닌 외환으로 지불합니다. 수출과 수입 시에 전세계적으로 많이 쓰는 외환을 **기축통화**라고 하며, 여러 나라들이 절반 이상의 거래에서 미국의 달러화를 사용해요.

나라와 나라 사이에서 돈을 교환한다고 했을 때, 교환하는 비율을 **환율**이라고 해요. 평소에 미국 1달러를 교환하는데 한국 1,000원이 필요했지만, 상황에 따라 900원이 될 수도, 1,100원이 될 수도 있습니다. 이것을 환율이 오르고 내린다고 표현하며 수출과 수입 가격에 큰 영향을 끼쳐요.

이해하기

외환과 환율

환율이 오르거나 내려갈 때
수입품과 수출품의 가격은 어떻게 변화할까요?

5월 1일 환율 1 달러당 1,000원

수입품 망고 1개당 1,000원
수출품 볼펜 1개당 1,000원

5월 2일 환율 1 달러당 1,100원

수입품 망고 1개당 1,100원 (수입품 소비자들은 슬퍼요)
수출품 볼펜 1개당 1,100원 (수출에 도움을 줘요)

5월 3일 환율 1 달러당 900원

수입품 망고 1개당 900원 (수입품 소비자들은 좋아요)
수출품 볼펜 1개당 900원 (수출이 힘들어져요)

FUN FUN 읽을거리

빅맥 지수

Hamburger

빅맥은 맥도날드의 햄버거 메뉴잖아요. 우리나라 뿐 아니라 전 세계에서 팔고 있는 유명한 버거이죠. 그런데 경제 수업에 빅맥이 왜 등장했을까요? 바로 각 나라의 물가 수준을 비교하기 위해 빅맥의 판매 가격을 기준으로 삼았기 때문이에요.

빅맥 지수

A 나라에선 한국 돈으로 5,000원이지만, B 나라에서는 한국돈으로 6,000원이에요. 또 C 나라에선 4,000원입니다. 빅맥 지수를 통해 각 나라의 통화의 가치가 제대로 평가되었는지, 물가가 적정한 수준인지 살펴볼 수 있다고 합니다. 요즘에는 스타벅스 라떼 지수도 비슷한 역할을 하고 있어요.

어떤 나라든지 빅맥은 동일한 재료와 동일한 조리법으로 만들어요. 그런데 빅맥의 가격은 나라마다 달라요. 이상하지요? 나라마다 통화의 가치와 물가가 다르기 때문입니다.

세 번째 수업

어떤 선택이 좋은 걸까요?

이익을 얻으려면 포기도 해야해요

key word ● 기회비용

바람이는 부모님이 주신 용돈으로 친구와 재미나게 놀았습니다.

"잘 들어가. 학교에서 보자~"

집에 돌아갈 무렵 주머니에 손을 넣어보니 천원 짜리 한 장만 남아 있었네요.

"다리가 아픈데 이 돈으로 버스를 타자!"

버스를 기다리던 바람이의 눈에 맛있는 붕어빵이 들어 왔습니다.

"으앙, 붕어빵도 먹고 싶다."

어떻게 해야 할까요?

천 원짜리 한 장으로는 버스를 타면 붕어빵을 먹을 수 없고,

붕어빵을 먹으면 버스를 탈 수 없습니다.

어떤 선택이 좋은 걸까요?"

"그래, 결심했어!"

알아봅시다

재화와 서비스는 사람들의 마음에 **욕구**를 불러 일으킵니다. 하지만 그것들을 생산하기 위해 필요한 각종 **자원**과 그것을 구입하는데 필요한 돈은 무한하지 않죠. 그래서 사람들은 최선의 **선택**을 해야 합니다.

돈은 조금밖에 없는데 이것도 하고 싶고, 저것도 하고 싶다면 어떤 선택을 해야 할까요? 간단합니다. 가장 큰 만족을 주는 것을 선택하세요. 버스를 타는 만족이 붕어빵을 먹는 만족보다 크다면 버스를 타세요. 붕어빵을 먹는 만족이 버스를 타는 만족보다 크다면 붕어빵을 먹으세요. 다만 선택이 안 좋았다면 나중에 후회할 수도 있어요.

우리는 매일 경제 활동을 하면서 수많은 선택을 하고 있습니다. 그런데 얻는 것이 있다면 잃는 것도 있겠죠? 이익을 얻기 위해 포기한 것의 가치를 기회비용이라고 합니다. 즉 **기회비용**이 가장 작은 것을 선택하면 됩니다.

이해하기

기회비용

어느 쪽으로 가야 후회하지 않고 가장 큰 이익을 얻는 선택일까요?

선택의 순간

버스를 탄다

만족도 : 50점

버스를 탐으로써 붕어빵을 먹는

기회비용 30점 상실

붕어빵을 먹는다

만족도 : 30점

붕어빵을 먹음으로써 버스를 타는

기회비용 50점 상실

기회비용이 적은 쪽을 선택해야겠어요!

돈도 벌고 꿈도 이뤄요

key word ● 직업

바람이는 버스를 탔습니다. 붕어빵을 못 먹어 아쉬웠지만 집까지 편하게 갈 수 있으니 훨씬 좋더라고요.

버스가 사거리에 정차하자 파란색 제복을 입고 교통정리를 하는 교통 경찰 아저씨가 보였습니다.

"우와, 저분 손짓대로 차들이 움직이잖아. 너무 멋진걸."

집에 돌아온 바람이는 엄마에게 물었습니다.

"경찰이 되려면 어떻게 해야 해요?"

"아니, 너 어제는 사업가가 되서 돈 많이 벌고 싶다고 하지 않았니?"

"흠.. 경찰도 되고 사업가도 되면 안 돼요?"

"두 가지를 동시에 하는건 힘들지 않을까? 다만 꿈은 많을 수록 좋지. 너에게 보람이 될 수 있는 직업을 천천히 생각해 보렴."

알아봅시다

경제 활동을 하기 위해서는 소득이 있어야 합니다. **소득**은 직업을 통해 얻을 수 있어요. **직업**이란 일정한 기간동안 꾸준하게 하는 일을 말합니다. 열심히 일하면 생계를 유지할 수 있는 돈을 벌 수 있지요. 세상에는 정말 다양한 직업이 있는데요. 여러분은 어떤 직업을 선택하실 건가요?

그런데 단순히 먹고 살기 위해서만 직업을 갖는건 아닙니다. 우리는 직업을 통해 돈을 벌지만 한편으로 목표한 바를 이루며 **보람**을 느끼기도 하거든요. 그래서 내가 좋아하는 일이 무엇인지, 내가 잘 할 수 있는 일이 무엇인지 고민해 봐야 합니다.

직업은 각 나라의 환경에 따라서 달라지기도 합니다. 기름진 평야가 있는 나라는 농부가 많고, 공업이 발달한 나라에선 공산품을 만드는 사람이 많겠죠. 옛날에 있던 직업이 없어지거나, 새로운 직업이 생겨나기도 합니다.

직업을 갖기 위해 필요한 다양한 자격증

이해하기

직업

직업은 없어지거나 새로 생기기도 합니다.
미래에 유망한 직업들을 소개할게요.

프로그래머

프로그래밍 언어로 컴퓨터 프로그램이나 스마트폰 앱을 만드는 사람을 말해요. 코딩은 가장 기본이지요. 다양한 분야에서 필요하며 재미있는 게임도 만들어요.

환경전문가

미래에는 환경오염과 기후변화를 대응해나갈 과학 전문가가 필요할 거예요. 미생물공학, 수자원 엔지니어, 생태학자, 재활용 전문가 등이 있습니다.

드론전문가

드론의 가능성은 무궁무진합니다. 군사용, 방범용, 엔터테인먼트용, 농업용으로 쓰이며 요즘은 도심 교통을 위해 드론 택시도 만들고 있다고 합니다.

발전하는 세상을 만드는 힘

key word • 자유와 경쟁

두 사람의 대화를 옆에서 듣던 하늘이가 말했습니다.
"제 친구 엄마는 친구더러 무조건 의사가 되어야 한다고 하신데요."
"왜?"
"할아버지도, 부모님도 모두 의사라서 그런가봐요."
엄마는 고개를 저으며 말했습니다,
"그건 좋지 못한 일이야. 우리 모두에게는 자유가 있는 법이거든.
직업 활동의 자유 뿐 아니라, 기업 활동의 자유도 있지."
"그렇구나."
"한 가지 더 있어.
목표를 이루려면 남들보다도 열심히 노력해야겠지?
우리의 사회는 자유와 경쟁을 통해
활기차게 돌아가고 있단다."

알아봅시다

우리나라를 비롯하여 일본, 미국, 유럽은 **자유 시장 경제**를 가지고 있습니다. 그래서 각자에게 경제 활동의 자유가 주어집니다. 경제 활동의 자유란 무엇일까요?

우리는 직업을 마음대로 선택할 수 있습니다. 기업체를 기업의 의도대로 경영할 수 있으며, 내가 벌어들인 소득을 내 마음대로 소비할 수 있습니다. 이것이 **자유**입니다. 그렇다고 도덕적으로 법적으로 올바르지 않은 일을 할 자유는 없으니 꼭 기억하세요.

자유 시장 경제를 움직이는 중요한 가치가 한 가지 더 있는데 바로 **경쟁**입니다. 개인은 각자가 원하는 것을 얻기 위해 경쟁합니다. 기업들도 더 좋은 물건을 생산하기 위해 품질, 가격, 서비스 경쟁을 하지요. 이것들이 모여서 경제와 사회의 발전을 이끌어 냅니다. 다만 경쟁이 너무 과도한건 장기적으로 좋지 않아요.

이해하기

자유

우리는 경제 활동에 있어서 어떠한 자유를 가지고 있을까요? 선을 연결해 주세요.

나는 커서 경찰관이 될 거야.

● 기업 활동의 자유

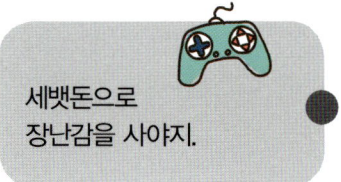
세뱃돈으로 장난감을 사야지.

● 이윤 추구의 자유

이곳에다 공장을 만들 거야.

● 직업 선택의 자유

컴퓨터를 팔아 이익을 남길 거야.

● 소득 소비의 자유

경쟁

기업들은 어떠한 경쟁을 하고 있을까요?
선을 연결해 주세요.

우리 가게는 정말 친절해요.	가격 경쟁
우리 스마트폰은 최신 기능이 많아요.	광고 경쟁
5천원 할인해 드릴게요.	품질 경쟁
유명한 모델을 써서 광고를 만들자.	서비스 경쟁

미래를 위해
지켜야 하는 것들

key word • 환경보호

"그렇구나. 자유와 경쟁이 있으니까 우리 경제는 계속 발전하겠군요. 콜록콜록."

"목이 아프니?"

엄마는 갑자기 기침을 하는 바람이가 걱정되었습니다.

"모르겠어요. 왜 기침이 나오지?"

"오늘 미세먼지가 심한 날이었잖아. 뉴스에서 야외활동을 자제하라고 했는걸."

하늘이가 답을 알고 있었네요.

"아, 그렇구나. 미세먼지는 왜 생기는 거예요?"

엄마가 답해주었습니다.

"경제가 발전함에 따라 환경오염이 일어나고 있어. 미세먼지는 그중의 하나이지. 미래를 위해 우리는 환경을 보호해야 한단다."

알아봅시다

사람들은 경제 발전을 원합니다. 더 많은 공장을 짓고 더 많은 농작물을 생산합니다. 자동차도 점점 많아지고, 쓰레기도 점점 많아지지요. 그래서 우리의 자연환경이 나빠지기 시작했습니다. 환경이 오염되면 현재의 우리뿐 아니라 미래의 우리들도 고통받게 될 것입니다.

자동차와 가축이 너무 많아져서 온실가스 증가로 **지구온난화** 현상이 나타났습니다. 쉽게 말해 지구가 더워지는 현상이에요. 남극과 북극의 빙하가 녹고 바다 수면이 높아져서 홍수, 가뭄, 태풍 같은 기상이변이 일어나고 있어요.

대기 오염은 **미세먼지**와 매연을 불러와 건강을 위협합니다. 각종 불법 쓰레기들로 수질 오염이 일어나 마실 물을 찾기 힘들어지고, 토지 오염이 일어나기도 합니다. 지금처럼 경제 발전만을 최우선으로 한다면 상황이 더 나빠지게 될텐데요. 우리는 어떻게 환경을 보호해야 할까요?

이해하기

환경보호

경제를 지키고 환경을 보호하기 위해 우리들이 할 수 있는 것들을 알아볼까요?

해야할 것

분리수거 종이, 플라스틱, 유리병 등 재활용할 수 있는 것들은 분리하여 버려야 합니다. 버리기 전에는 내용물을 깨끗하게 비워 주세요.

 **물 아껴쓰기** 물은 귀한 자원입니다. 설거지와 샤워를 할 때 너무 오래 하지 마세요. 빨래를 할 때는 세탁물을 모아서 한꺼번에 하세요.

대중교통 이용 자동차가 너무 많이 다니면 배기가스가 많이 나와요. 대중교통을 이용하면 공기도 맑아지고 차 막힘에도 도움이 되요.

친환경 자동차의 이용도 환경 보호에 큰 도움을 준답니다. 친환경 자동차가 무엇인지 궁금하다면 이 책을 추천해요.

하지말아야 할 것

일회용품 사용

일회용품을 사용하지 말아요. 장을 보러 갈 때는 장바구니를 이용하고, 카페에서는 개인 컵이나 텀블러를 이용해요.

음식 남기기

음식물 쓰레기를 소각할 때 매연이 발생한데요. 먹을 만큼만 준비하고, 먹을 만큼만 덜어서 먹는 습관을 길러요.

전기 낭비하기

전기를 만들기 위해 많은 자원이 필요해요. 쓰지 않는 방에 불을 켜놓거나, 보지도 않는데 텔레비전을 켜놓으면 전기가 낭비되요.

우리 사회는 계속해서 발전해 나가기를 원합니다. 그런데 끊임없는 발전은 가능한 것일까요? 방금 환경보호에 대해 배웠지요. 경제만 중요시해서 자연환경을 무시한다면 우리는 성장의 한계를 경험하고 생존의 위기를 맞게 될 것입니다.

지속가능 발전

지속가능 발전이란 비교적 최근에 등장한 말인데요. 앞으로 살아갈 미래 세대에게 가능성을 열어주면서 현재 살고 있는 사람들의 요구도 만족시키는 발전을 말합니다. 말 그대로 지속 가능하다는 것이죠.

처음에는 산업화로 인한 환경 파괴 때문에 떠오른 개념이었지만, 요즘은 환경 외에도 사회나 문화적인 영역으로도 범위를 넓혀 가고 있어요. 발전하는 과정에서 환경이 오염되고, 사회적으로 소외받는 사람들이 생기며, 문화적으로 갈등이 생긴다면 결국엔 한계에 부딪히게 될테니까요.

네 번째 수업

금융이란 무엇일까요?

돈이 잘 흘러가도록 도와주는 곳

key word • 금융기관

다음날 저녁 하늘이 가족은 거실에서 간식을 먹으며 텔레비젼 뉴스를 보고 있었습니다.

"올해 금융 시장의 전망은 밝습니다."

"저 이거 알아요! 시장에 대해 배웠잖아요."

하늘이가 신나서 외치네요.

"어떤 뜻이었지?"

아빠가 묻습니다.

"은행이나 보험 회사들이 거래하는 시장이었잖아요."

"우리딸 똑똑한데."

"누나, 그럼 금융은 무슨 뜻이야?"

"끄응.. 그건..."

"하하하, 어렵지 않아. 금융과 금융기관에 대해서도 알아보도록 하자."

알아봅시다

경제 활동을 하다보면 돈이 필요한 사람이 있고, 돈을 빌려주고 싶은 사람도 있어요. 돈을 모으고 싶은 사람도 있고, 외국의 돈이 필요한 사람도 있지요. 이렇게 돈이 필요한 사람에게 잘 흘러가도록 연결시켜 주는 일을 **금융**이라고 하며, 그 일을 하는 곳들을 **금융기관**이라고 합니다.

가장 대표적인 금융기관은 **은행**입니다. 은행은 돈을 맡아주거나 필요한 사람에게 빌려주지요. **보험회사**는 큰 병에 걸리거나 교통사고 등 안 좋은 일을 만났을 때 병원비와 보상금을 주는 곳이에요. **우체국**은 원래 우편물을 취급하는 곳이지만 그외에 이 두 가지 일을 하기도 한대요. **증권회사**는 기업이 운영에 필요한 돈을 마련하기 위해 투자할 사람에게 주식을 파는 곳이에요.

다양한 금융기관들을 너무 빨리 설명해서 어렵나요? 하나하나 다시 천천히 설명해 드릴테니 걱정마세요.

이해하기

금융기관

금융기관 덕분에
돈이 필요한 사람들이 힘들지 않게
돈을 찾을 수 있어요.

돈이 필요한 곳

완전직통

금융기관

돈이 있는 곳

금융기관이 없다면 두 곳이 연결되기 어려웠을거야.

모으고 빌려주고
보내고 바쁘다 바빠

key word ● 은행

바람이는 엄마와 함께 저축을 하러 은행에 갔습니다.

번호표를 뽑고 차례를 기다리고 있었지요.

"은행에 사람이 정말 많아요."

"그렇구나."

"여기 있는 사람들이 모두 저축하거나 돈을 빌리러 온 사람들인가요?"

"꼭 그렇지는 않아.

은행은 네가 생각한 것보다 훨씬 다양한 일을 하는 곳이란다."

그때 딩동 하며 엄마를 찾는 벨소리가 울렸습니다.

"100번 고객님, 창구로 와 주세요."

"곧 올테니 기다리렴."

바람이는 사람들을 바라보며

어떤 목적으로 왔을까 상상해 보았습니다.

알아봅시다

은행이 하는 일은 정말 많아요. 일단 **예금**이란 말부터 배워볼까요? 돈을 안 쓰고 모아두는 것을 저축이라고 하는데, 그중 은행에다가 넣어두는 것을 예금이라고 한답니다. 바람이는 오늘 예금을 하러 온 것이죠. 은행은 사람들이 예금한 돈을 가지고 있다가, 필요한 사람들에게 빌려줘요. 이것을 **대출**이라고 합니다.

내가 가지고 있는 돈을 다른 사람에게 보내주기도 하는데 **송금**이라고 합니다. 해외여행을 하려면 외국 돈과 우리나라 돈을 바꿔야 하는데 **환전**이라고 해요. 전기요금, 세금 등을 내는 것도 은행이 해주며 **공과금 수납**이라고 하지요.

여러분 돼지 저금통에 동전이 많이 모였나요? 은행은 동전을 지폐로 **교환**해주기도 합니다. 지금 당장 현금이 필요하다면 나의 예금에서 꺼내쓸 수도 있는데 **출금**이라고 하죠. 이처럼 은행은 정말 다양한 일들을 하고 있어요.

이해하기

모바일 뱅킹

찾아갈 수 있는 은행도 있지만
내 손 안의 은행도 있습니다.

은행에 가지 않고도 모바일 뱅킹으로 송금할 수 있어.

언제든지 할 수 있으니 정말 편하네요.

스마트폰이나 컴퓨터로 은행 업무를 볼 수 있어요. 모바일 뱅킹이라고 합니다. 송금이나 계좌 확인, 환전, 수납 같은 단순한 업무를 고객이 직접 할 수 있어요. 24시간 아무때나 할 수 있으니까 정말 좋아요. 대출이나 출금이 필요하다면 은행에 가야 하죠.

빌린 만큼 대가를 지급해요

key word • 이자와 금리

엄마가 은행 업무를 보고 오셨습니다.

"예금을 하고 오신 거죠?"

"그래, 정확히 말하자면 정기예금을 들었단다.
일 년 동안 돈을 넣어두면 은행에서 이자를 줄 거야."

"이자가 뭐예요?"

"아이쿠, 우리 아들 아직 모르는게 많구나."

그때 옆에서 아주머니 두 분이 얘기하면서 지나가십니다.

"여기서 대출 받으려고?"

"이 은행이 금리가 높은 것 같더라고."

바람이가 모르는 말이 또 나왔네요.

"금리는 또 뭐예요?"

"이자와 금리는 연결되어 있는 말이야.
예금과 대출을 할 때 꼭 알아야 할 개념이지."

알아봅시다

이자란 쉽게 말해 돈을 빌려쓴 사용료입니다. 빌린 만큼 대가를 지급하는 것이지요. 사람들이 은행에 예금을 하면 은행에선 넣어둔 금액과 기간에 따라 이자를 붙여주는데 **예금이자**라고 해요. 일정 기간 출금하지 않겠다는 약속을 하는 정기예금을 하면 이자를 더 받을 수 있어요. 은행은 사람들의 예금을 모아 돈이 필요한 사람에게 대출을 해주는데, 이때는 은행이 빌려간 사람에게서 돈을 받아요. 이것을 **대출이자**라고 하지요.

이 이자를 원금의 몇 퍼센트의 비율로 할 것인지 정하는 것이 바로 금리에요. **금리**가 높으면 이자도 높고, 금리가 낮으면 이자도 낮지요. 금리는 은행마다 다르고 또 상품마다 달라요.

은행은 무슨 돈으로 운영할까요? 당연하게도 대출이자의 금리가 예금이자의 금리보다 높습니다. 대출이자를 많이 받아서 예금이자를 주고, 그 차익으로 은행을 운영합니다.

이해하기

이자와 금리

바람이는 예금을 하고 하늘이는 대출을 받는다고 합니다. 각각의 이자는 어떻게 될까요?

1,000만원 정기예금

금리	기간	이자
연 1%	3년	1,000만원의 1%×3년

1,000만원을 3년 동안 정기예금한 바람이는 3년 후에 30만 원을 받을 수 있어요.

1,000만원 대출

금리	기간	이자
연 3%	2년	1,000만원의 3%×2년

1,000만원을 2년 동안 대출한 하늘이는 원금과 함께 60만 원을 은행에 이자로 내야 해요.

믿을 수 있는 사람과 거래해요

key word ● 신용

"그런데 궁금한게 생겼어요."

"뭐니?"

"은행에서 대출을 해주잖아요.
빌린 사람이 원금과 이자를 못 갚으면 어떻게 하죠?"

엄마는 바람이의 질문이 기특한가 봅니다.

"맞아. 갑자기 사정이 어려워져서 못 갚을 수도 있을 거야."

"그렇다면 은행이 손해를 보겠네요?"

엄마는 바람이의 머리를 쓰다듬으며 말했습니다.

"네가 은행이라면 어떻게 할 거 같니?"

"흠.. 저라면 정말로 돈을 잘 갚을 수 있는
사람에게만 빌려줄 거 같아요."

"정확해. 은행도 그렇단다."

알아봅시다

은행도 손해를 볼 수 없어요. 이 사람이 대출을 잘 갚을 수 있는지 없는지 파악해야 하죠. 돈을 갚을 수 있는 능력을 **신용**이라고 하는데요. 신용등급이 높은 사람은 낮은 금리에 많이 빌릴 수 있고, 신용등급이 낮은 사람은 높은 금리에 조금밖에 빌릴 수 없어요.

그렇다면 신용은 어떤 상황에서 낮아질까요? 대출을 통해 빚을 지고 있는 것을 **부채**라고 하는데요. 부채가 이미 많이 있다면 신용이 높아지기 힘들겠죠. 또 예전에 대출이자를 정해진 날짜에 내지 않았다면 기록이 남아서 신용이 낮아지게 됩니다.

그래서 우리는 신용 관리를 해야 해요. 갚을 수 있는 능력에 비해 많은 돈을 빌리면 안 됩니다. 돈을 빌렸다면 이자를 정해진 날짜에 꼭 내도록 하세요. 휴대폰 요금도 밀리지 마시고요. 돈을 잘 갚으면 신용등급이 올라갑니다.

이해하기

신용

여러분이 은행원이 되었습니다.
네 사람이 5천만 원을 빌리러 왔다고 하네요.

A
저는 돈을 빌려본 적이 한 번도 없어요.
이번이 처음이에요.
잘 갚도록 노력하겠습니다.

B
저는 다른 은행에서 부채가 3천만 원이 있어요.
착실히 잘 갚고 있답니다.
돈이 더 필요해서 왔어요

네 사람 중 신용이 가장 높은 사람은 누구일까요?

C
저는 부채가 2천만 원인데 이자를 몇번 밀렸어요.
핸드폰 요금도 못내고 있어요.
그래도 빌려주세요.

D
예전에 부채가 5천만 원 있었는데 밀리지 않고 잘 갚아서 지금은 0원입니다.
한 번 더 빌리려고요.

정답: D

어려운 일을
미리 대비해요

key word • 보험

집으로 돌아가는 길, 아파트 상가 맞은편에 사람들이 모여 웅성웅성하고 있습니다.

"무슨 일이 있나봐요."

가까이 가보니 1층 카페의 일부가 불에 타버린 것이 아니겠어요?!

"새벽에 불이 났었다던데 바로 신고를 했나봐요."

"더 큰 불로 번지지 않아서 다행이군요."

안타까운 일이네요. 다시 집으로 향하던 바람이가 엄마에게 물었습니다.

"가게 일부가 불에 탔으니 어떡하죠?"

"너무 걱정하지마.

아마 사장님이 화재보험을

들어놓으셨을 거야."

"보험이요?

그게 있으면 뭐가 좋은데요?"

알아봅시다

살아가는 동안에 좋은 일만 있으면 좋겠지만 가끔은 예측할 수 없는 어려운 일을 만나기도 합니다. 재해나 사고를 당할 수도 있고 병에 걸릴 수도 있지요. 그때를 대비하여 돈을 모아두었다가, 힘든 상황에 일정 금액으로 보상받는 것을 보험이라고 해요.

개인이 직접 가입하는 민영 보험과, 국가가 강제로 가입시키는 사회 보험 두 가지가 있지요. 이번 시간에는 개인이 가입하는 보험에 대해 알아볼까요.

생명보험은 사람의 생명, 사망과 관계된 보험입니다. 종류로는 종신보험, 연금보험 등이 있습니다. 손해보험은 손해를 입었을 때 보상을 받는 보험으로 화재보험, 암보험, 자동차보험, 여행자보험 등이 있습니다. 이 두 가지 보험의 성격을 모두 갖추고 있는 것을 제3보험이라고 하며, 다양한 종류의 종합보험이 있답니다.

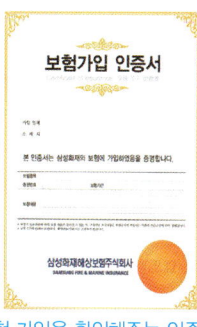

보험 가입을 확인해주는 인증서

이해하기

보험

나는 보험료를 한달에 만 원씩 냈는데
어떻게 천만 원으로 보상 받을 수 있을까요?

월 보험료

- 대희 월 10,000원
- 바람 월 10,000원
- 하늘 월 10,000원
- 서연 월 10,000원
- 승연 월 10,000원
- 준수 월 10,000원
- 혁진 월 10,000원
- 택진 월 10,000원
- 승희 월 10,000원
- 우철 월 10,000원

보험료의 이용

어렵지 않은 다수의 사람이
어려운 소수의 사람에게 몰아줘요.

- 보험회사 운영비
- 암에 걸린 준수에게 보상비 천만 원 지급

보상비를 못 받더라도 어려운 일을 만나지 않는 것이 좋지요~

06

너도 나도 이 회사의 주인

key word ● 주식

집에 돌아왔습니다. 아빠는 친구 분과 통화중이세요.

"그래, 맞아. 코스피지수가 많이 올랐더라고.

나도 투자를 해볼까?"

통화가 끝나자 엄마가 말씀하셨어요.

"여보, 신중히 결정해야하는 거 알죠?"

두 분이 어려운 말을 하는거 같은데 무슨 말인지 잘 모르겠어요.

하늘이가 먼저 선수를 칩니다.

"아빠, 코스피가 뭐예요?"

"저도 궁금해요. 뉴스에서 들어본거 같기는 한데."

아빠가 친절히 답해 주십니다.

"너희들 그럼 주식이란 말도 들어봤니?"

"잘 모르겠어요."

"바로 한 회사의 주인이 되는 거란다."

코스피(Korea Composite Stock Price Index) - 한국종합주가지수

알아봅시다

회사를 운영하려면 돈이 필요해요. 은행에서 빌리는 방법도 있지만, 여러 사람으로부터 투자를 받는 방법도 있지요. 100명이 투자를 하면 100사람 모두 회사의 주인이 되는데, 이 사람들에게 주는 증서를 **주식**이라고 해요. 또한 이렇게 운영되는 회사를 **주식회사**라고 하지요.

주식에 투자해서 회사의 주인이 된 사람들을 **주주**라고 하며, 1년에 한 번 주주총회를 열어서 회사 운영에 중요한 사항들을 결정해요. 회사가 잘 운영된다면 주주들은 배당금을 받아 수익을 올릴 수 있답니다.

주식은 사고 팔 수 있어요. **증권회사**에서 주식 거래가 이루어지죠. 주식의 가격은 회사의 실적에 따라 올라갈 수도 있고, 내려갈 수도 있으므로 신중히 투자해야 합니다. 이렇게 오르내리는 변동사항들을 종합적으로 나타내는 지수가 필요한데요. 우리나라에는 **코스피**(KOSPI)가 유명합니다.

이해하기

주식

주식 투자는 신중히 해야합니다.
큰 돈을 벌 수도 있지만 모두 잃을 수도 있어요.

- 발전 가능성이 있는 회사인지 꼼꼼히 살펴봐야겠어!
- 뭐 하는 회사지? 잘 모르지만 지금 상승세니까 주식 사 볼까나.
- 열심히 공부하고 분석해가면서 투자할거야!
- 박선생이 이 주식은 무조건 오른다고 했으니까 사면 되겠지.
- 대출 없이 내가 가진 여윳돈으로 투자할거야!
- 가진 돈이 없으니 은행에서 왕창 빌려서 주식 사야지!

주식투자

파란색 생각은 좋아요!
빨간색 생각은 나빠요!

낮은 금리로 대출을 원활하게 받으려면 신용 관리를 해야 한다고 했습니다. 그런데 개인의 신용 말고 국가의 신용도 있다는 것을 아세요?

국가도 다른 국가에게 돈을 빌리거나 투자를 받아야 하거든요. 국가 신용등급이 높은 나라는 낮은 금리에 돈을 빌릴 수 있고, 외국인 투자자들도 많이 방문할 거예요. 경제가 좋아지겠죠! 국가신용등급이 낮다면 금리가 높아지고 투자도 줄어듭니다.

국가신용등급

국가신용등급은 어떻게 결정될까요? 외국에 진 빚이 얼마나 있는지, 경제 성장은 잘 되고 있는지, 물가는 적당한지, 지도자들이 정치를 잘하고 있는지 등 다양한 사양들을 본답니다.

국가신용등급은 누가 정할까요? 다양한 신용평가사가 있지만 그중 무디스, 피치, S&P 라는 세 개의 회사가 유명해요.

93

다섯 번째 수업

세금은
어떻게 쓰일까요?

나라 살림을 위해서 돈이 필요해요

key word • 납세의 의무

"여보, 저번에 나온 세금 냈어?"

아빠가 엄마에게 물었습니다.

"무슨 세금이요?"

"며칠 전에 처형이 우리집에 들렀을 때 세금 고지서 나온거 있었잖아."

"어머, 내 정신 좀 봐. 깜빡 하고 있었네."

"그럼 내가 내일 내도록 할게"

옆에서 듣던 하늘이는 갑자기 궁금해졌어요.

"세금은 꼭 내야하는 건가요?"

"그렇단다. 각 가정이 살림을 하듯이 나라도 살림을 해야 하거든. 나라 살림을 위해 돈이 필요한 거야."

아빠가 대답하자마자 질문이 이어집니다.

"세금이 안 걷히면 어떻게 되요?"

알아봅시다

경제 주체 공부할 때, 가계-기업-정부에 대해 배웠죠. 정부가 나라를 운영하기 위해선 돈이 필요하며, 이때 **세금**을 거두어 충당합니다. 국민들은 세금을 내야할 필요가 있으며 이것을 **납세의 의무**라고 해요.

세금은 어디에 쓰일까요? 우선 집밖으로 나가봅시다. 깔끔하게 포장된 도로와 인도가 보이네요. 조금 더 걷다보니 안전을 책임지는 경찰서와 소방서도 보이고요. 환경미화원 분들이 거리에 쓰레기를 치우시는 것도 보여요. 조금밖에 걷지 않았는데 세금으로 하는 많은 일들을 보았습니다.

뉴스를 볼까요? 우리나라를 지켜주시는 군인 분들이 보입니다. 가난한 분들에게 먹을 것과 옷 등을 지원해 주는 장면도 봤습니다. 이 모든 일들이 세금으로 하는 일들이랍니다. 세금을 일부러 안 내는 걸 **탈세**라고 하며, 탈세가 많으면 너무 불편하겠죠. 그래서 세금은 꼭 내야합니다!

이해하기

납세의 의무

세금이 충분하거나 부족할 때 어떤 일이 일어날까요? 같은 색끼리 선으로 이어주세요.

 경찰서
- 세금 충분 ● ● 안전한 우리 동네
- 세금 부족 ● ● 범죄 많은 우리 동네

 소방서
- 세금 충분 ● ● 불이 나도 속수무책
- 세금 부족 ● ● 바로바로 화재 진압

 도로공사
- 세금 충분 ● ● 깔끔하게 포장된 도로
- 세금 부족 ● ● 여기저기 부서진 도로

 군대
- 세금 충분 ● ● 빈약한 국방력
- 세금 부족 ● ● 강력한 국방력

어른도 내고 어린이도 내지요.

key word • 세금의 종류

다음날, 하늘이가 아빠와 함께 나왔습니다.
"세금 내러 가시는 거죠?"
"그래, 모바일 뱅킹으로 할 수도 있지만
우리 딸 맛있는거 사줄겸 밖에 나왔지."
"우와, 그럼 저 딸기우유 마실래요."
두 사람은 은행가기 전에 편의점에 들렀고,
하늘이는 딸기우유를 집었습니다.
"아빠가 돈을 줄테니까 직원 분에게 가져다 드리렴."
"계산했어요. 이제 세금 내러 가요."
"하하하, 너도 방금 전에 세금을 냈단다."
"네? 제가 세금을 냈다고요?
아이스크림 값을 드린거 밖에 없는데."
"세금에는 다양한 종류가 있거든."

알아봅시다

세금은 어디에서 거두는지, 어디에 쓰는지, 어떻게 내는지에 따라 다양한 기준으로 나눌 수 있는데, 이 시간에는 직접세와 간접세를 알아보기로 해요.

직접세는 엄마가 내려던 세금이에요. 직접 내는 세금이지요. 일을 하여 소득이 있으면 **소득세**를 내고, 집이나 자동차가 있다면 **재산세**를 내요. 부모가 살아계실 때 재산을 받았다면 **증여세**를 내고, 부모가 돌아가신 후 재산을 물려받았다면 **상속세**를 냅니다. 액수가 많으면 많이 내고, 적으면 적게 내게 되어 있지요.

간접세는 간접적으로 내는 세금을 말하는데, 하늘이가 딸기우유를 사고 낸 **부가가치세**가 있어요. 천 원을 주고 샀지만 그 안에 100원의 세금이 포함되어 있었답니다. 편의점 주인이 그만큼을 떼어서 나중에 세금으로 내지요. 외국에서 물건을 수입할 때 내는 **관세**도 간접세입니다.

세금과 관련한 모든 일을 주관하는 국세청

이해하기

세금의 종류

직접세는 세금고지서가 나옵니다.
어떻게 생겼는지 함께 살펴봐요.

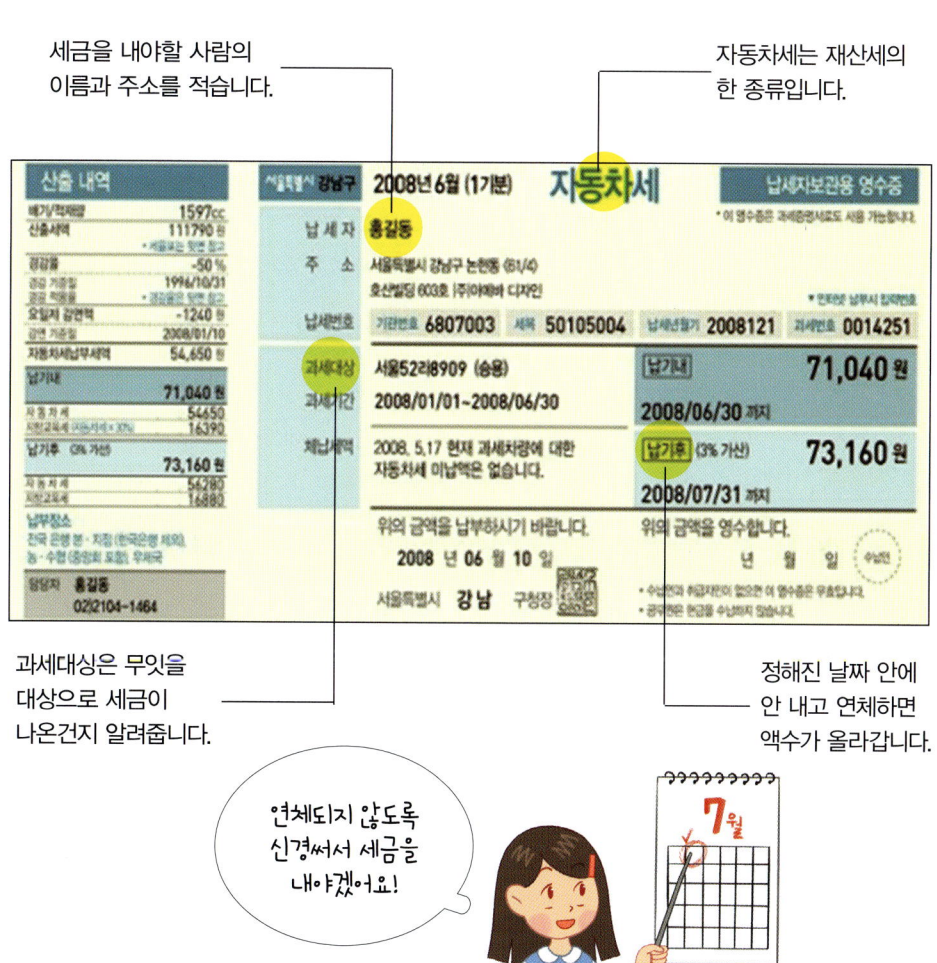

세금을 내야할 사람의 이름과 주소를 적습니다.

자동차세는 재산세의 한 종류입니다.

과세대상은 무엇을 대상으로 세금이 나온건지 알려줍니다.

정해진 날짜 안에 안 내고 연체하면 액수가 올라갑니다.

연체되지 않도록 신경써서 세금을 내야겠어요!

03

나라 살림을 위해서 계획이 필요해요

key word • 예산

"아빠, 정부는 엄청 부자겠어요!"

"무슨 말이니?"

"이렇게 많은 사람들이 세금을 내잖아요."

하늘이는 진심 부럽다는 표정입니다.

"거둬들이는 돈이 많지만 그 돈을 써야하는 곳도 많단다. 여기저기 필요한 분야가 많거든."

"그렇구나. 혹시 모자르면 어떡해요?"

하늘이가 이번엔 걱정하는 표정이네요.

"그래, 맞아. 올바르게 계획을 세우지 않는다면 큰 문제가 일어날거야."

"전문가 분들이 계시지 않을까요?"

"그렇지. 가정과 기업에서 수입과 지출에 대해 계획을 세우듯이 나라에서도 계획을 세운단다."

알아봅시다

가정에서 부모님은 가계부를 쓰십니다. 기업에서도 계획을 세워 수입과 지출을 관리하죠. 정부에서도 당연히 계획을 세웁니다. 국민들이 열심히 일해서 낸 세금인데, 이 돈을 함부로 사용하면 안 되잖아요! 1년 동안 나라 운영에 필요한 수입과 지출 계획을 세우는 것을 **예산**이라고 해요.

가장 큰 수입은 세금입니다. 세금 외에 정부가 운영하는 공기업의 이익이나 부수적인 입장료, 벌금 등도 수입이 되지요. 이제 그 수입을 1년 동안 어떻게 쓸지 정해야 합니다. 우리의 삶을 편하게 해줄 각종 사회, 교육, 국방, 보건 분야 등을 연구하여 예산을 짭니다.

그런데 잘못되거나 한쪽으로 치우친 계획이면 어떡하죠? 그래서 예산은 **심사**를 받아야 해요. **국회의원**은 국민의 대표이며, 예산을 심사할 수 있는 권한을 갖습니다. 국민의 돈이니까 국민의 대표가 심사하는 기예요.

이해하기

예산의 규모

각 나라의 예산 중 수입의 규모는 어떻게 될까요?
여러나라의 한 해 수입을 비교해 봅시다.

태국
1,000억 달러

대한민국
3,700억 달러

말레이시아
600억 달러

몽골
250억 달러

캐나다
5,900억 달러

예산 수입 규모
2020년 기준

나라별 경제 수준과 세금 종류, 인구 수에 따라 결정되지요.

프랑스
1조 3,000억 달러

중국
3조 6,000억 달러

미국
5조 9,000억 달러

우리를 안전하게 받쳐주는 그물

key word ● 사회보험

집으로 돌아가는 길, 아빠는 급한 전화를 받았습니다.
"그런 일이 있었군. 내일 병원에 들를게."
"무슨 일이 있나요?"
하늘이가 궁금해서 물었습니다.
"아빠 친구가 사고로 다리가 부러져서 입원한 모양이야.
다행히 수술은 잘 끝났다고 하네."
"많이 아프시겠다."
"그래도 국민건강보험 덕에 병원비를 아꼈다는구나."
생각해보니 그건 보험 공부할 때 들어본 적 없는 이름이네요.
"그건 무슨 보험이에요?"
"국민건강보험은 민영보험이 아니라
나라에서 운영하는 사회보험이란다."
"아, 사회보험이구나!"

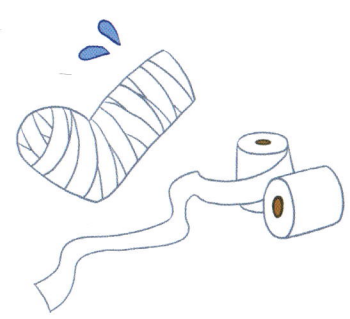

알아봅시다

개인이 직접 가입하는 민영보험과, 국가가 강제로 가입시키는 사회보험 두 가지가 있다고 한 것 기억하나요? 국민의 생활을 안전하게 받쳐주는 **사회보장제도**의 하나이지요. 대한민국은 다양한 사회보험을 운영하고 있어요.

국민건강보험은 소득이 있는 사람은 의무적으로 가입해야 해요. 아프거나 다치게 되면 치료비는 물론 약값에서도 많은 부분을 대신 내준답니다.

국민연금도 소득이 있다면 모두 가입해야 해요. 65세 이상 되면 납입한 금액만큼 평생 연금이 나온답니다. 나이가 들어 더 이상 일할 수 없을 때 도움을 받습니다.

고용보험은 직장인이라면 모두 가입해야 해요. 여러 가지 사정으로 직장을 잃게 될 경우, 다음 직장을 찾을 때까지 쓸 수 있는 실업급여, 기술교육 등을 받을 수 있답니다.

이해하기

사회보험

사회보험은 필수 가입입니다.
큰 혜택을 보기 위해선 어쩔 수 없는 일이에요.

국민건강보험으로
일부분
떼어갈게요~

월급

국민연금으로
일부분
떼어갈게요~

고용보험료도
가져갈게요!

나중에 혜택으로
돌려받을 수
있을거야.

정부가 세금으로 다양한 일을 한다는 것을 배웠는데요. 공공시설도 그중 하나입니다. 국민들이 편하고 쾌적하고 안전한 생활을 할 수 있도록, 정부가 돈을 들여 짓는 시설들입니다.

편하게 산책할 수 있는 공원이 있고요. 막히지 않고 빠르게 이동할 수 있는 지하철이 있습니다. 책을 빌릴 수 있는 도서관이 있고, 신기한 물건들이 모여 있는 박물관도 있지요. 어르신들을 위한 노인회관과 아픈 사람들을 위한 보건소와 공립병원도 있어요.

공공시설

국민들이 직접 짓기엔 돈이 많이 드니까, 나라에서 세금을 모아 지은 후 무료 혹은 저렴한 이용료를 받아서 운영해요. 공공이란 우리 모두의 것이란 뜻입니다.

함부로 이용하면 더러워지고 부서지겠죠? 내것이라는 마음으로 깨끗하고 조심스럽게 사용해야 하겠습니다. 그렇게 해주실 거죠?

여러분 안녕하세요. 저는 바람이에요. 우리 가족의 평범한 일상을 가감 없이 보여드린 것 뿐인데 여러분의 경제 공부에 큰 도움이 되었다니 저도 기뻐요.

그런데 신기하죠? 경제라는 건 어려운 거라고만 생각했는데, 이렇게 우리의 삶 곳곳에서 만나볼 수 있는 친근한 주제였다니.. 여러분들도 이제 경제가 어렵게 느껴지지 않으시죠?

저는 경제를 공부하고 생각이 많이 바뀌었어요. 어떤 물건을 사든지 생산하고 유통하신 분께 감사하는 마음을 갖게 되었고, 기회비용을 생각해서 합리적으로 소비하게 되었으며, 직업 선택과 투자를 비롯하여 올바른 경제 활동이 제 인생에 큰 도움이 된다는 것을 알게 되었답니다.

바람이의 편지

아직 모르는게 더 있을 거예요. 우리 모두 앞으로 열심히 공부해서, 우리 사회에 보탬이 되는 똑똑한 경제 주체가 되어 볼까요?

찾아보기

ㄱ
가격 • 40
가계 • 24
간접세 • 100
경기 • 37
경기 호환 • 37
경쟁 • 63
경제 • 11
경제 주체 • 24
경제활동 • 11
고용보험 • 106
공공 서비스 • 24
공공시설 • 108
공과금 • 78
공급 • 31
공기업 • 24
관세 • 100
국가신용등급 • 92
국민건강보험 • 106
국민연금 • 106

국회의원 • 103
근로소득 • 19
금리 • 81
금융 • 75
금융 시장 • 21
금융기관 • 75
기업 • 24
기축통화 • 50
기회비용 • 57

ㄴ
납세의 의무 • 97
노동 시장 • 21

ㄷ
대출 • 78
대출이자 • 81
돈 • 17

ㅁ
모바일 뱅킹 • 79
무역 • 47
물가 • 40

물류 • 34
물류비 • 34
물물교환 • 17
물적유통 • 34
민영보험 • 106

ㅂ
보험 • 87
보험회사 • 75
부동산 시장 • 21
부채 • 84
분배 • 11
불경기 • 37
불황 • 37
빅맥 지수 • 52

ㅅ
사업소득 • 18
사회보장제도 • 106
사회보험 • 107
생명보험 • 87
생산 • 11

생산자 • 35
서비스 • 14
세금 • 19, 97
소득 • 17
소득 • 60
소득세 • 100
소비 • 11
소비자 • 35
손해보험 • 87
송금 • 78
수송 • 34
수요 • 31
수입 • 47
수출 • 47
시장 • 21
신용 • 84

ㅇ
예금 • 78
예금이자 • 81
예산 • 103

온라인 시장 • 21
외환 • 50
요금 • 40
은행 • 75
이자 • 81
인플레이션 • 43

ㅈ
자유 • 63
자유 시장 경제 • 63
재산세 • 100
재화 • 14
저축 • 18
전통 시장 • 21
정부 • 24
제3보험 • 87
주식 • 90
주식회사 • 90
주주 • 90
중앙 은행 • 43
증권회사 • 90

증여세 • 100
지구온난화 • 67
지속가능발전 • 70
지출 • 18
직업 • 60
직접세 • 100

ㅋ
캐시리스 사회 • 26
코스피 • 90

ㅌ
탈세 • 97
통화 • 43

ㅎ
하이퍼 인플레이션 • 44
호황 • 37
환전 • 78
환경보호 • 68
환율 • 50

똑똑도서관 1
세상 가득 꼼꼼 경제
초판 1쇄 펴낸날 2021년 5월 24일

글 안명철
그림 이도연
펴낸곳 주니어골든벨 | **발행인** 김길현
본문·표지디자인 여혜영
편집·디자인 조경미, 김선아, 남동우 | **제작진행** 최병석 | **웹매니지먼트** 안재명, 김경희
공급관리 오민석, 정복순, 김봉식 | **오프라인마케팅** 우병춘, 이대권, 이강연 | **회계관리** 이승희, 김경아
등록 제1987-000018호 ⓒ 2021 GoldenBell Corp.
주소 서울시 용산구 원효로 245(원효로 1가 53-1) 골든벨 빌딩 5~6F
전화 도서 주문 및 발송 02-713-4135 / 회계 경리 02-713-4137
　　　내용 관련 문의 02-713-7452 / 해외 오퍼 및 광고 02-713-7453
홈페이지 www.gbbook.co.kr
ISBN 979-11-5806-522-5　73370
정가 12,000원
사진제공 아이클릭아트 / 프리픽스 / 픽사베이

※ 주니어골든벨은 (주)골든벨의 어린이 도서 브랜드입니다.
※ 이 책은 저작권법에 따라 보호받는 저작물이므로,
　저작권자와 주니어골든벨의 허락 없이는 이 책의 내용을 쓸 수 없습니다.

제품명: 세상 가득 꼼꼼 경제 | 제조자명: 주니어골든벨 | 제조국명: 대한민국 | 전화: 02-713-4135
주소: 서울시 용산구 원효로 245(원효로 1가 53-1) 골든벨 빌딩 5~6F | 제조일: 2021년 5월 24일 | 사용 연령: 8세 이상
* KC 인증 유형: 공급자 적합성 확인
* KC마크는 이 제품이 공통안전기준에 적합하였음을 의미합니다.
⚠ 주의 아이들이 책을 입에 대거나 모서리에 다치지 않게 주의하세요.